Siegrun
Boß-Kulbe

Weihnachtsmotive

in Kreuzstich

CHRISTOPHORUS
BRUNNEN-REIHE

Seit mehr als 30 Jahren steht der Name „Christophorus“ für kreatives und künstlerisches Gestalten in Freizeit und Beruf. Genauso wie dieser Band der Brunnen-Reihe ist jedes Christophorus-Buch mit viel Sorgfalt erarbeitet: Damit Sie Spass und Erfolg beim Gestalten haben – und Freude an schönen Ergebnissen.

ISBN 3-419-55840-6

Lektorat: Maria Möllenkamp, Freiburg
Fotos: Peter Nielsen, Umkirch
Zeichnungen: Siegrun Boß-Kulbe, Olching
Zählvorlagen: Irene Fackler, Freiburg
Umschlaggestaltung: Network!, München
Produktion: Print Production, Umkirch
Druck: Freiburger Graphische Betriebe, 1996

Christophorus
Bücher mit Ideen

Inhalt

Stickideen zur Weihnachtszeit

In der Advents- und Weihnachtszeit, wenn wir es zu Hause warm und gemütlich haben, ist das Sticken eine besonders schöne Handarbeit. Adventskalender, Stiefel und Sack für den Nikolaus, Grußkarten sowie Sets und Deckchen für den Weihnachtstisch sind ansprechende, kleine Modelle. Außerdem ist hier die Möglichkeit, ein persönliches, immer willkommenes Weihnachtsgeschenk selbst herzustellen.

Stickanleitung

- Zunächst die Saumlinien oder je nach Modell die Mittellinien heften und danach die Stickerei einteilen. Die Modellskizzen von Seite 4 bis 7 zeigen die Fertiggrößen. Die Nahtzugaben müssen also noch hinzugerechnet werden.
- Zuerst werden die Kreuzstichmotive gestickt, danach mit Rückstich die Detaillinien und Konturen.
- Ein Kästchen in der Zählvorlage ist immer ein Kreuzstich über zwei Gewebefäden oder ein AIDA-Quadrat.
- Bei den Zählvorlagen sind die jeweiligen Farbnummern des Anchor-Sticktwistes von Coats Mez angegeben.
- Für gezählte Stickerei verwenden Sie immer eine Sticknadel ohne Spitze.

Kreuzstich

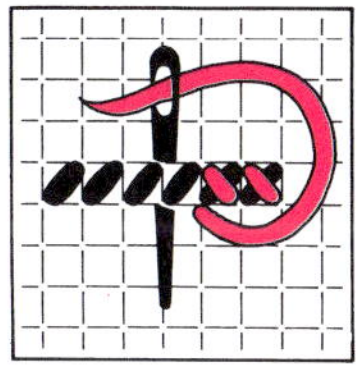

Zuerst die Grundstiche sticken und darüber die Deckstiche.

Rückstich

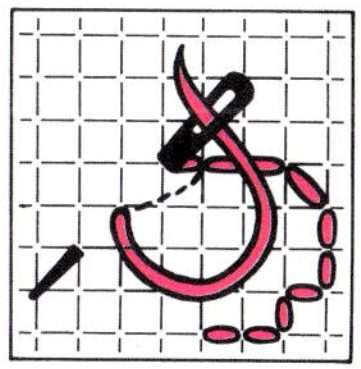

Der Rückstich wird von rechts nach links gearbeitet. Auf der Rückseite geht er über zwei Stiche.

Zweigart-Handarbeitsstoffe

BELLANA 3256	ca. 80 Fäden = 10 cm, 52% Baumwolle, 48% Viskose
CORK 3613	ca. 75 Fäden = 10 cm, 100% Leinen
DAVOSA 3770	ca. 71 Fäden = 10 cm, 100% Baumwolle
LUGANA 3835	ca. 100 Fäden = 10 cm, 52% Baumwolle, 48% Viskose (Modal)
FLOBA 1198	ca. 69 Fäden = 10 cm, 70% Viskose, 30% Leinen
AIDA-BÄNDER	100% Baumwolle 7008: ca. 8 cm breit = 42 Stiche 7107: ca. 5 cm breit = 26 Stiche 7318: ca. 6,5 cm = 28 Stiche

Für die Kreuzstichstickerei werden Handarbeitsstoffe mit quadratischer Gewebestruktur verwendet. Das heißt, Längs- und Querfadensystem haben die gleiche Fadenzahl. Die Modelle wurden auf Stoffe mit unterschiedlicher Fadendichte und Materialzusammensetzung gestickt.
Wenn Sie ein anderes als das vorgeschlagene Gewebe auswählen, ändern sich Motivgröße und Stoffbedarf.

Modellbeschreibungen

Kleiner Adventskalender
Seite 8

Die Stickerei in die Mitte des Stoffes plazieren. Nach dem Sticken das Bild rahmen (siehe Seite 7). 24 bunte Päckchen an der Rahmenrückseite befestigen.

Stiefel
„Sankt Niklas“
Seite 10

Das Motiv laut Skizze (siehe Seite 5) auf dem Stoff plazieren. Den bestickten Stoff, Rückwandstoff und zweimal Futterstoff (um ca. 7 cm verlängert) ausschneiden. Futter rechts auf rechts nähen. Futterstiefel zwischen bestickten Stoff und die Rückwand legen. Stofflagen mit rotem Paspelband zusammensteppen. Die Stulpe nach außen schlagen.

Stiefel

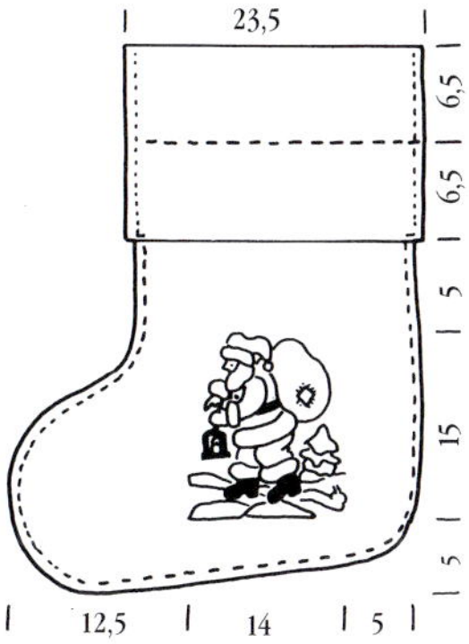

Nikolaussack

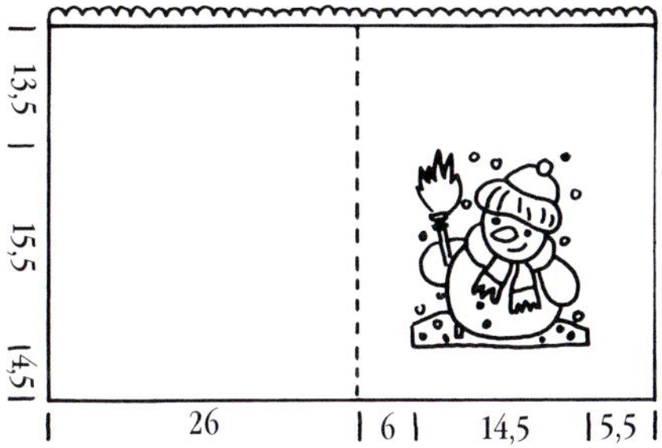

Nikolaussack
Seite 12

Nikolaussack laut Skizze besticken. Nach dem Sticken an die obere Kante Spitze nähen. Stoff rechts auf rechts am Bruch falten. Boden- und Seitenkanten zusammensteppen und den Sack wenden.

Schneemänner
Seite 14

Geschirrtuchborte
Konfektionierte Handtücher gibt es in großer Auswahl im Handel. Die Motive von der Mitte aus plazieren. Sie können auch ein Band besticken und auf ein Handtuch aufnähen.

Grußkarten
Passepartoutkarten erhalten Sie in großer Auswahl im Handel.

Bildchen
„Bär am Fenster"
Seite 16

Das Motiv in die Mitte des Stoffes plazieren.

Zum Rahmen des Bildes siehe Seite 7.

Kindertäschchen
Seite 18

Das Kindertäschchen laut Zeichnung (siehe Seite 6) besticken. Teil A zweimal, Teil B einmal zuschneiden. B an der Oberkante 2 cm einschlagen, steppen. Beide Teile A, dann Teil B übereinanderlegen. Mit rotem Paspelband (1 m) zusammensteppen. An den jeweils markierten Stellen Schlaufe, Knopf und Kordel (1,2) annähen.

Kindertäschchen

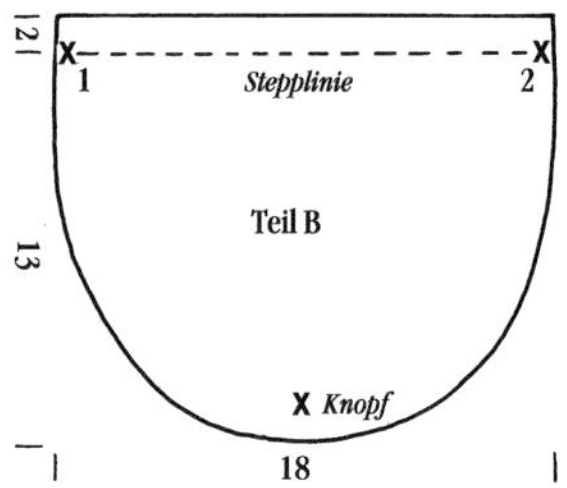

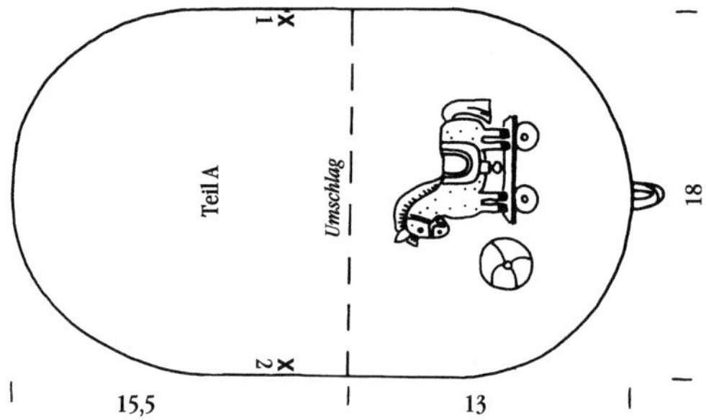

Kissen und Grußkarten Seite 20

Kissen
Das Motiv in die Mitte des Stoffes plazieren. Rückwand aus passendem Karostoff gegennähen, dabei eine 6 cm breite Rüsche (ca. 2 m lang) mitfassen.

Grußkarten
Passepartoutkarten erhalten Sie in großer Auswahl im Handel.

Set „Dompfaff im Schnee“ Seite 22

Die Stickerei in die obere linke Ecke des Sets plazieren. Um das bestickte Set einen 2 cm breiten Hohlsaum arbeiten (siehe Seite 7).

Set und Karte „Gelber Stern“ Seite 24

Set
Set mit gelber Paspel (ca. 170 cm) umnähen. Die Stickerei 6,5 cm vom linken Rand von der Mitte aus einteilen.

Karte
Passepartoutkarten finden Sie in großer Auswahl im Handel.

Schürzenband „Ilex-Ranke“ Seite 26

Den Schürzenstoff 63 x 72 cm groß zuschneiden. Die untere Kante 3 cm breit säumen. 10 cm vom Rand entfernt das bestickte Band aufsteppen. Die Seitenkanten 1 cm breit säumen. Die Schürzenoberkante auf 40 cm Breite einkräuseln. Ein Schürzenband, ca. 10 x 140 cm, zuschneiden, der Länge nach links auf links falten und beidseitig 1 cm einschlagen. Das Band zusammensteppen, dabei in der Mitte das Schürzenteil mitfassen.

Deckchen „Arabeske“
Seite 28

Die Stickerei von der Stoffmitte aus einteilen. Auf der Zählvorlage ist etwas mehr als ein Viertel der Decke gezeichnet. Beim Sticken die Vorlage drehen. In 10 cm Abstand zur Stickerei einen 3 cm breiten Hohlsaum arbeiten (siehe unten).

Schleife und
Deckchen
Seite 30

Schleife
Die Bandenden zur Spitze nähen. Ca. 4 cm von der Spitze aus an beiden Enden zwei Tannenbäume und einen roten Stern sticken. Die Länge des Bandes richtet sich nach der Päckchengröße.

Deckchen
Siehe bei Deckchen „Arabeske“.

Hohlsaum

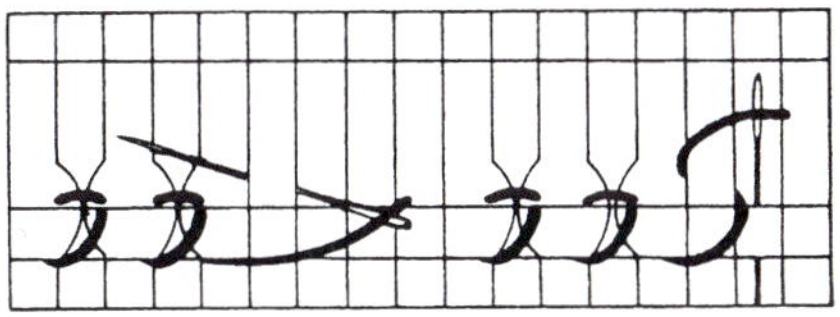

Abwechselnd je zwei Fäden der ausgezogenen Linie fassen, dann zwei Gewebefäden senkrecht in den umgeschlagenen Saum stechen.

Rahmen eines
Stickbildes

Es ist günstiger, zuerst einen fertigen Rahmen zu kaufen und danach das Stoffmaß auszurichten. Stickereien wirken ohne Glasscheibe gerahmt besser. Um die plastische Wirkung hervorzuheben, können Sie das Bild mit Vlies oder dünnem Schaumstoff in Größe der Rückwand etwas aufpolstern. Den Stoff über die Polsterung und die Rückwand spannen, nach hinten umschlagen und mit Doppelklebeband befestigen. Darauf achten, daß das Gewebe fadengerade verläuft.

Kleiner Adventskalender

DAVOSA 3770 naturweiß

Stoffzuschnitt
ca. 25 x 30 cm

Fertigmaß
ca. 10 x 17 cm

Sticktwist
Kreuzstich 3-fädig
Kontur 1-fädig

★	2
=	121
▲	13
X	261
■	878
U	379
#	368
S	298
●	403 + Kontur

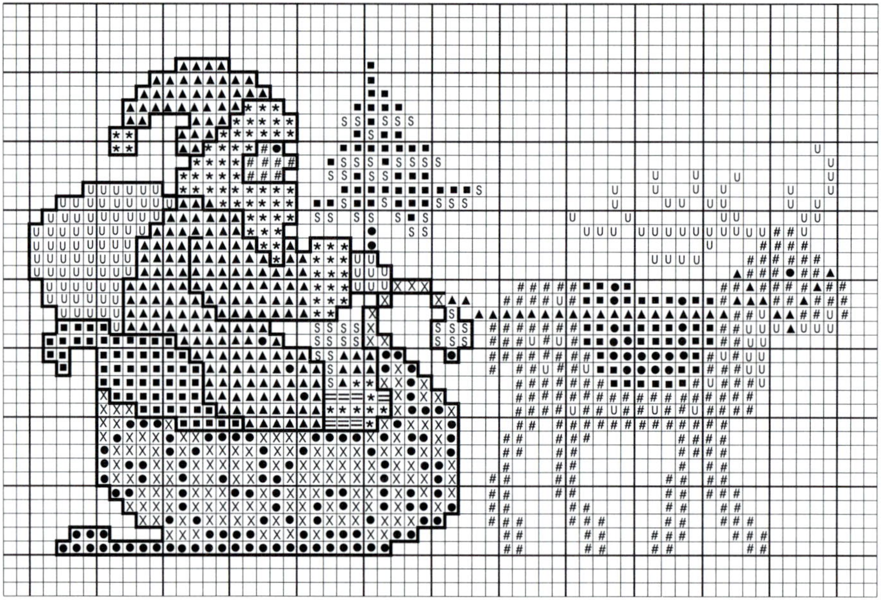

15
24
3
11

Stiefel „Sankt Niklas“

DAVOSA 3770 grün

Stoffzuschnitt
ca. 40 x 80 cm
Futterstoff
ca. 40 x 90 cm

Fertigmaß
ca. 32 x 32 cm

Sticktwist
Kreuzstich 4-fädig
Kontur 2-fädig

★	2
S	295
X	878
■	907
=	336
▲	371
#	335
●	403 + Kontur

Nikolaussack

FLOBA 1198

Stoffzuschnitt
ca. 35 x 54 cm

Fertigmaß
ca. 26 x 33 cm

Sticktwist
Kreuzstich 4-fädig
Kontur 2-fädig

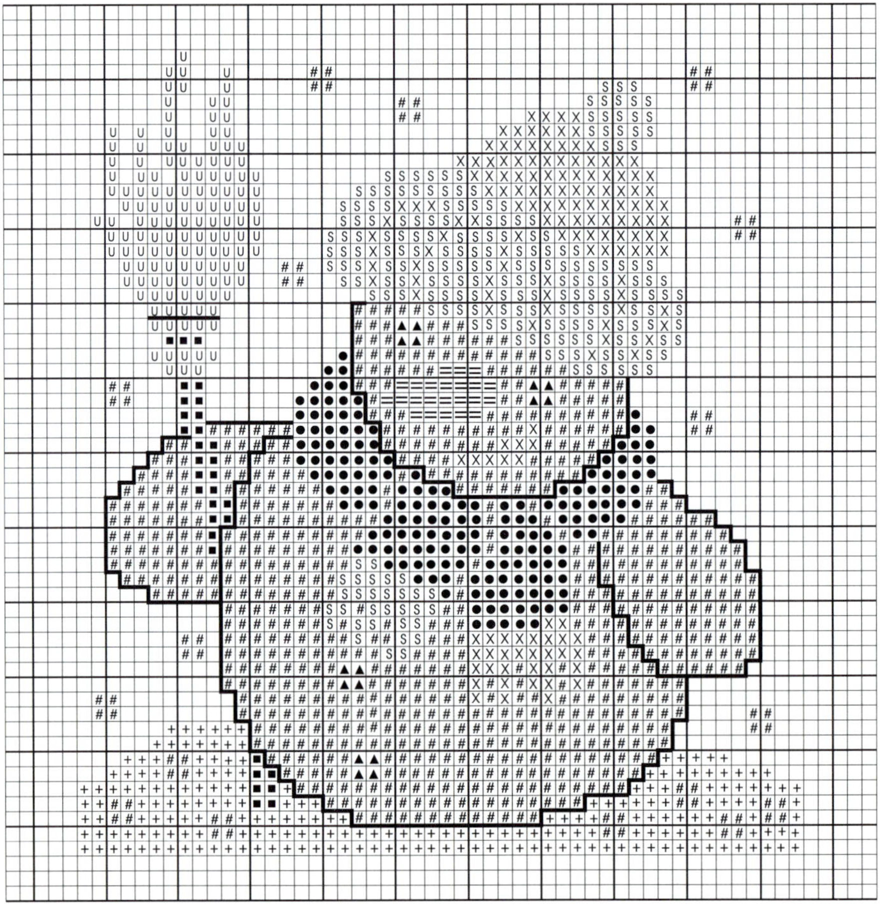

#	2
U	298
■	375
S	304
+	397
X	13
=	363
●	147
▲	403 + Kontur

Schneemänner

AIDA-Band 7008 rot; LUGANA 3835 rot und grün

Geschirrtuchborte
Zuschnitt
ca. 60 cm lang

Fertigmaß
ca. 50 cm lang

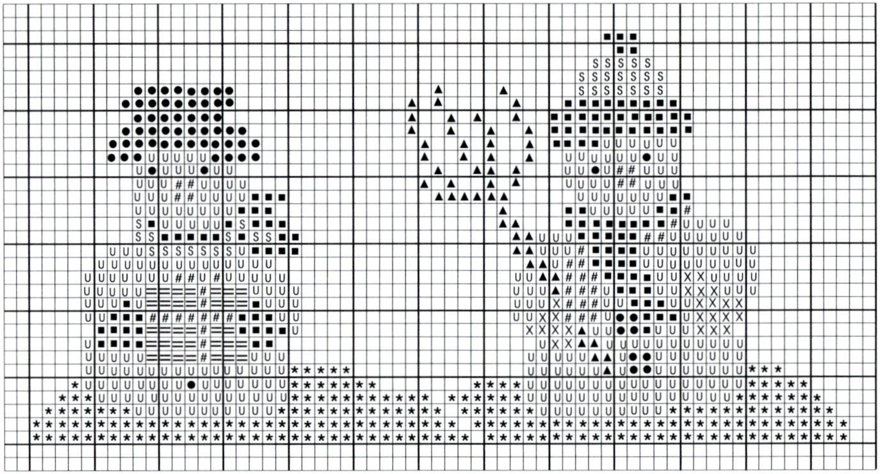

Grußkarten
Motivgröße
ca. 6 x 7 cm

Sticktwist
Kreuzstich 2-fädig
Kontur 1-fädig

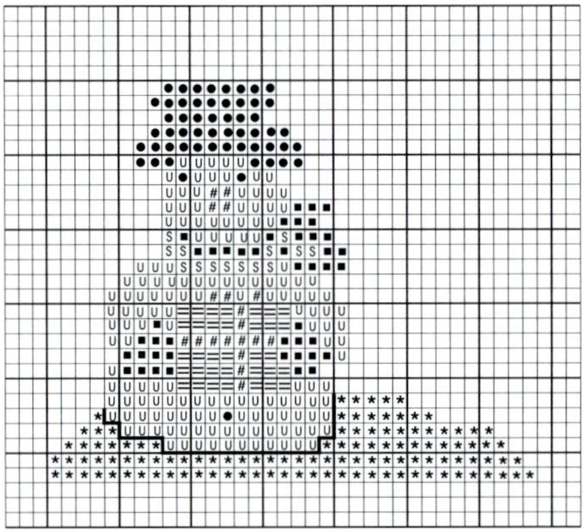

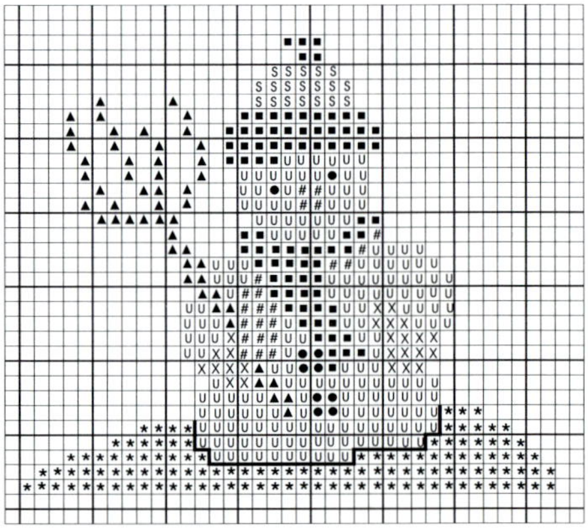

U	2
★	397
=	291
S	121
●	403
X	245
▲	906
#	13 + Kontur
■	147 + Kontur

Bildchen „Bär am Fenster“

LUGANA 3835 naturweiß

Motivgröße
ca. 7 x 9,5 cm

Sticktwist
Kreuzstich 2-fädig
Kontur 1-fädig

*	335
#	943
=	361
X	878
S	295
●	371
■	979
▲	403 + Kontur

Kindertäschchen

LUGANA 3835 mittelblau

Stoffzuschnitt
ca. 30 x 55 cm

Fertigmaß
ca. 15 x 16 cm

Sticktwist
Kreuzstich 2-fädig
Kontur 1-fädig

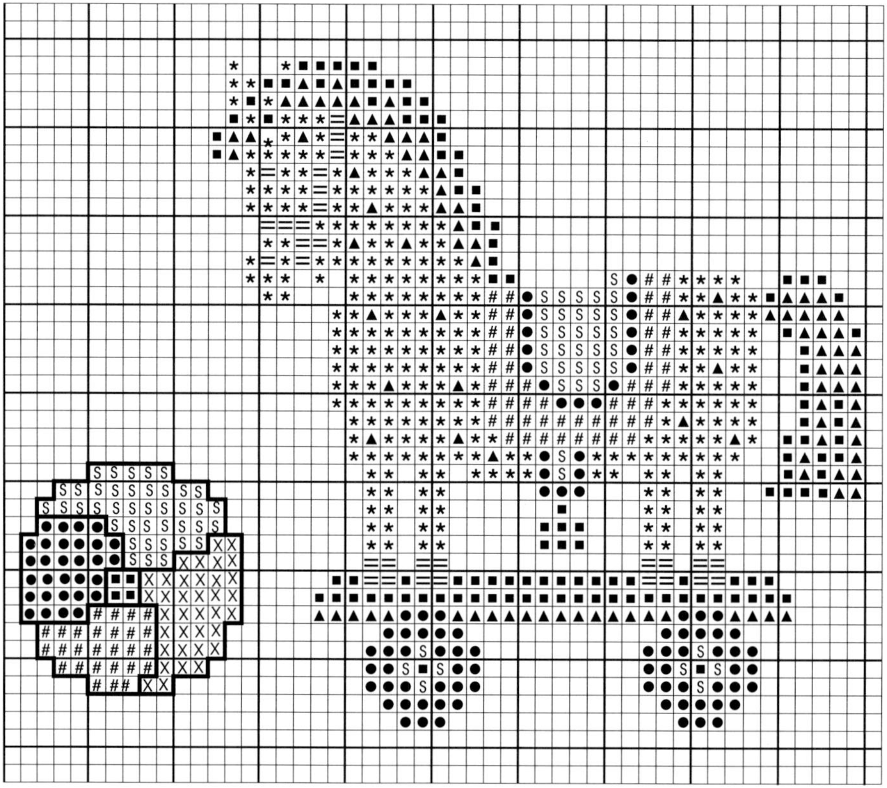

●	147
■	363
★	390
▲	371
#	44
S	304
X	878
=	403 + Kontur

Kissen und Grußkarten

Kissen: FLOBA 1198; Karten: LUGANA 3835 naturweiß

Kissen
Stoffzuschnitt
ca. 40 x 40 cm
Rückwandstoff
ca. 40 x 40 cm

Fertigmaß
ca. 30 x 30 cm

Sticktwist
Kreuzstich 4-fädig
Kontur 2-fädig

Grußkarten
Motivgröße
ca. 5 x 5 cm

Sticktwist
Kreuzstich 2-fädig

X	261
●	878
*	8
■	371 + Kontur
▲	832
#	13 + Kontur
S	363

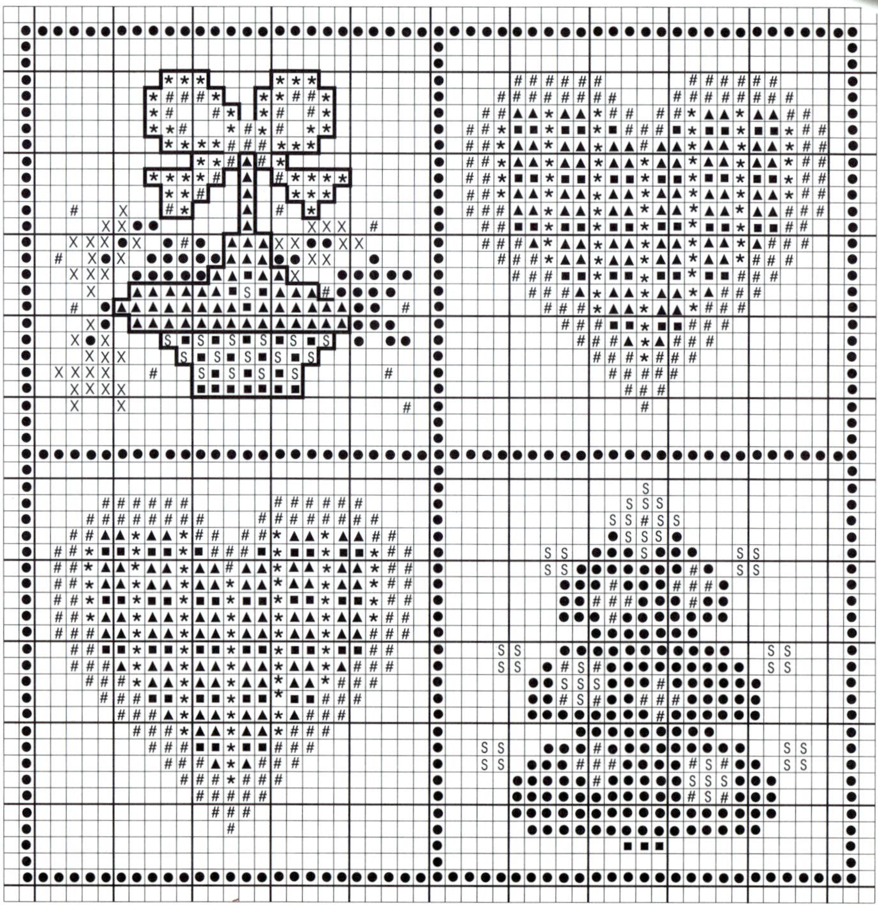

Set „Dompfaff im Schnee“

BELLANA 3256 dunkelgrün

Stoffzuschnitt
ca. 40 x 54 cm

Fertigmaß
ca. 32 x 46 cm

Sticktwist
Kreuzstich 3-fädig

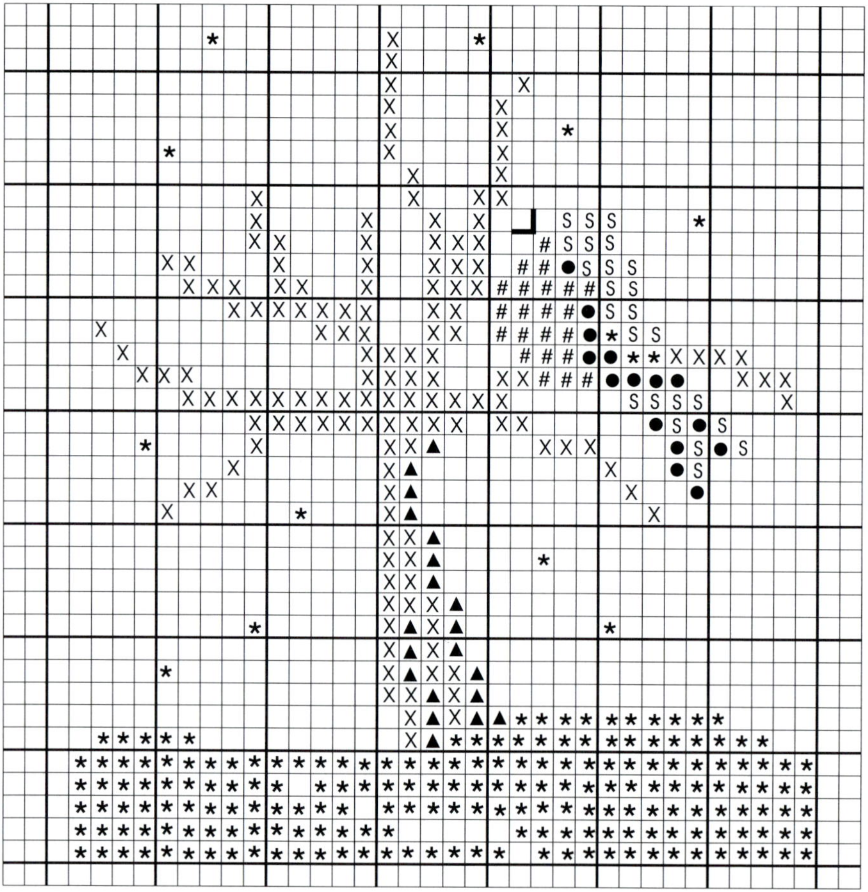

*	2
S	399
#	13
●	403
X	379
▲	371
▟	363

Set und Karte „Gelber Stern“

Set: DAVOSA 3770 dunkelblau; Karte: LUGANA 3835 dunkelblau

Set
Stoffzuschnitt/ Fertigmaß
ca. 35 x 45 cm

Grußkarte
Motivgröße
ca. 6 x 6 cm

Sticktwist
Kreuzstich 3-fädig

● 298
X 295

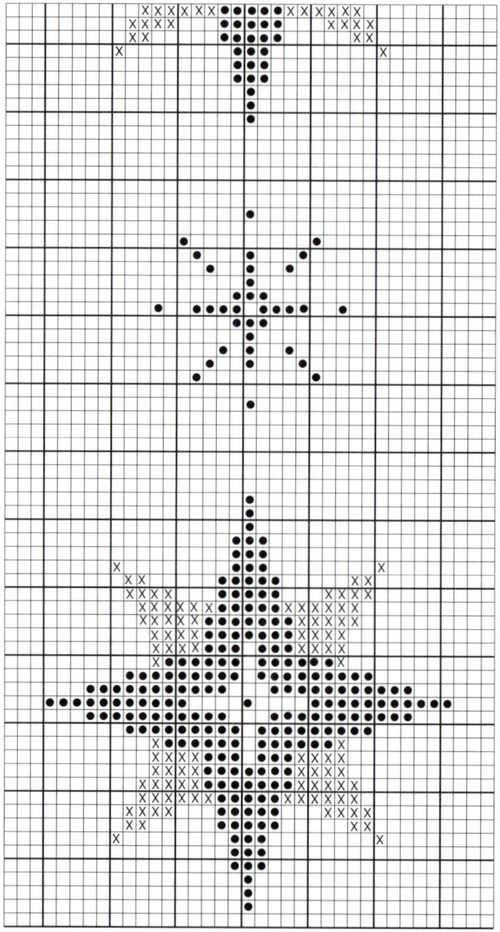

Schürzenband „Ilex-Ranke“

AIDA-Band 7318 weiß

Zuschnitt
ca. 70 cm

Fertigmaß
ca. 60 cm

Schürzenstoff
ca. 75 x 140 cm

Sticktwist
Kreuzstich 2-fädig

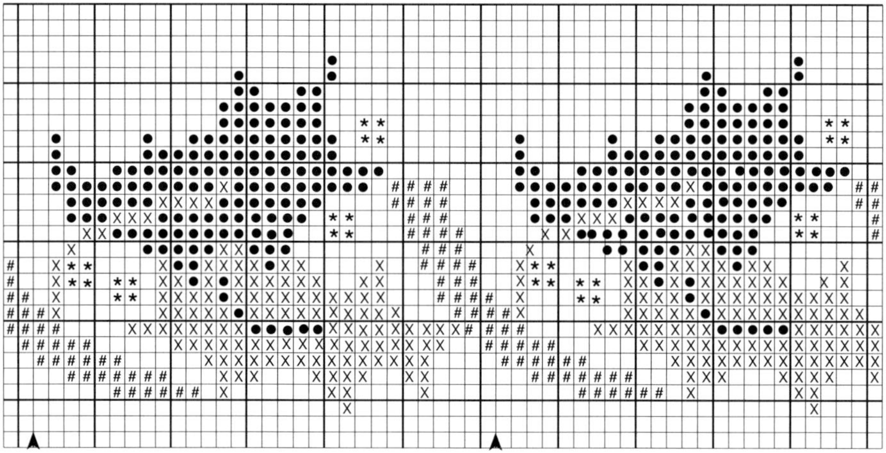

Rapport = 30 Stiche

●	878
X	214
#	8
*	13

Deckchen „Arabeske“

CORK 3613 naturweiß

Stoffzuschnitt
ca. 70 x 70 cm

Fertigmaß
ca. 57 x 57 cm

Sticktwist
Kreuzstich 3-fädig

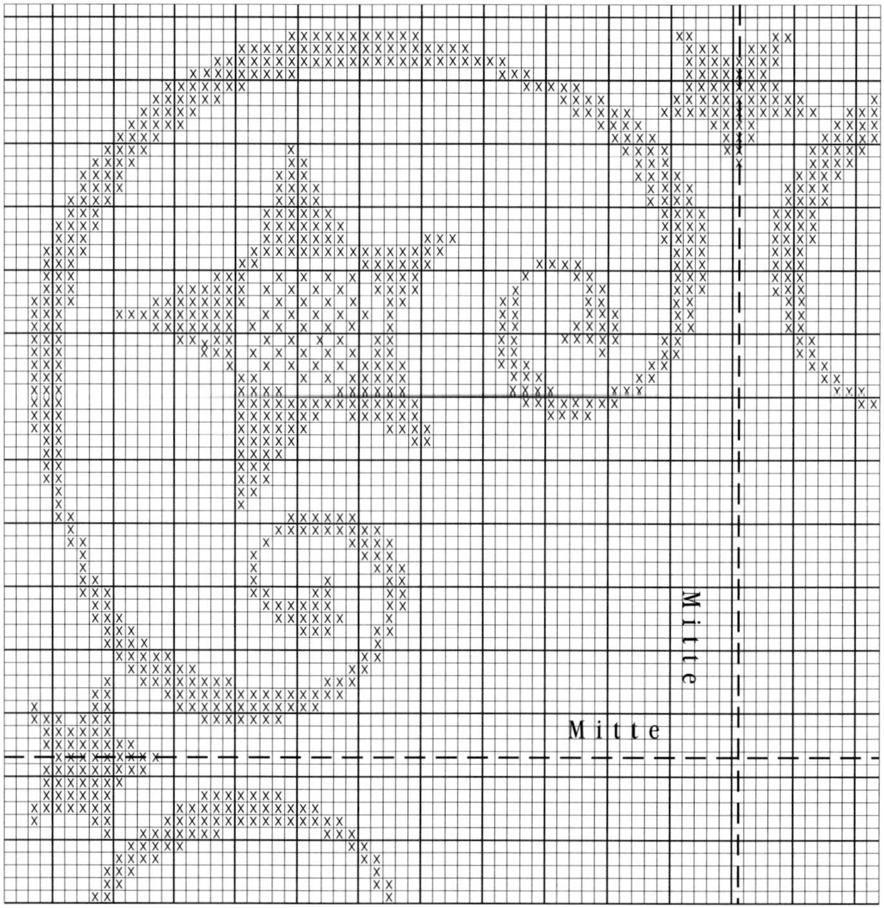

X 335

Deckchen und Schleife

BELLANA 3256 weiß/gold; AIDA-Band 7107 weiß/gold

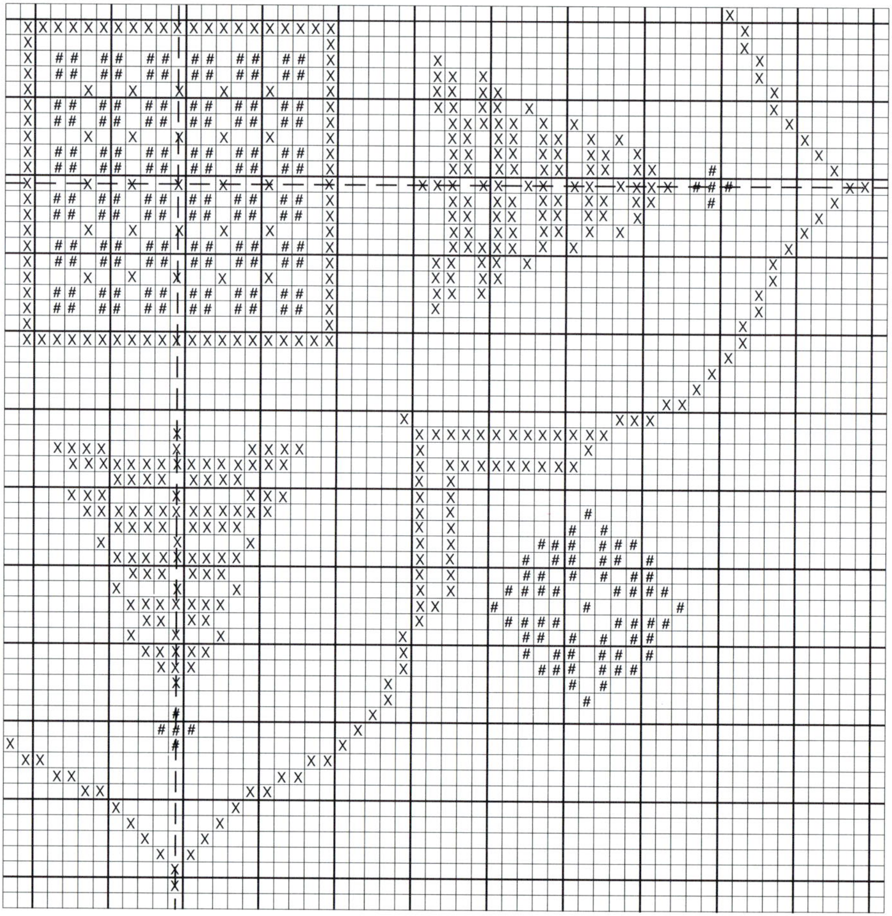

Deckchen
Stoffzuschnitt
ca. 70 x 70 cm

Fertigmaß
ca. 57 x 57 cm

Sticktwist
Kreuzstich 3-fädig

Schleife
Fertigmaß
je nach Päckchen-größe

Sticktwist
Kreuzstich 2-fädig

X	878
#	335

CHRISTOPHORUS
Bücher mit Ideen

Hermann-Herder-Str. 4 / 79104 Freiburg i. Breisgau

Tel: 0761/2717-268 oder Fax: 0761/2717-352